사랑한다면 지금 그대로

박종복 시집

도서출판 春火

自序

부끄럽다
시를 쓴다는 것이
살아온 인생이 시적이지 못 했으니
삼류 연애 소설 같은 생을 살아왔으면서
영롱한 시의 세계를 탁하게 했는지도 모른다

그럼에도 시는 내게 있어 자기 위안이고
술이고 담배이다.
삼시 세끼 먹는 밥이다
끝이 없는 시의 길을 걸어가다
시 쓰면서 죽어 가리라

孤岩 박종복(朴鍾福)

약력

1952년 전남 장흥군 대덕읍 신리 출생
대덕남교, 강진중, 광주상고, 전남대학교(법학사) 졸업
연세대학교 YGLP 수료
경영지도사, 공인중개사 자격증
전 국회사무처, IBK 기업은행 근무

목 차

선암사 뒷뜰에 앉아 ··· 9
東柱형을 생각하며 ··· 10
손톱을 깎으며 ··· 11
한재골 트래킹길을 걸으며 ·· 12
좋게 보이네 ··· 13
봉숭아 1 ··· 14
김밥 똥 ··· 15
번호표 ··· 16
이루어 질 수 없는 사랑 ·· 17
서울의 일몰 ··· 18
추억 속으로 ··· 19
고독은 나의 운명 ··· 20
四非歌 ··· 22
어둠 ··· 23
가을의 이별 ··· 24
가을 단상 ·· 25
기념 타월 ·· 26
화순 적벽 ·· 27
받아쓰기 ··· 28
밤 까기 ··· 29
마늘 까기 ·· 30
양파를 까면서 ··· 31
막내 고모 생각 ·· 32
아재, 아침 잡수셨소? ·· 33

저 마다의 인생 ·· 34
인연의 끈 ··· 35
관계의 덫 ··· 36
봉숭아 2 ·· 37
오래된 기억 ·· 38
잊어주리라 ··· 39
종복아, 이제 ·· 40
그 남자의 2017년 봄 ··· 41
육개장 한 사발로 가는 인생 ·· 42
기드론 시내를 건너지 마라 ·· 43
분해 소제 ··· 44
나는 모른다 ·· 45
커피숍에서 ··· 46
막대사탕 ·· 47
튀밥 튀기는 사람 ·· 48
당신은 타인의 여자 ··· 49
슬픔이란 ·· 50
헛것 ··· 51
새벽에 일어 반야심경 독경소리를 듣는다 ······················ 52
넉넉하다 ·· 53
청테이프 인생 ·· 54
Eleven elements to think of ·· 55
다리 밑에서 주어온 나 ·· 58
소쇄원 대나무 숲에 이는 바람 소리 ······························ 59
펀(Fun) ·· 60
스마타이즈(Smartize) ··· 61
봉숭아 3 ·· 62

너도 너의 것이 아니다 ·········· 63
반시 反詩 ·········· 64
나는 복제된 인간이다 ·········· 65
붕어빵 속에서 파닥이는 붕어를 보았네 ·········· 66
나는 이제 無爲徒食하리라 ·········· 67
고암에게 있어 산다는 것이란 ·········· 68
내소사 전나무 숲길을 걸으며 ·········· 69
회귀열 ·········· 70
고창 청보리밭에서 ·········· 71
봄비 ·········· 72
미끄럼틀 ·········· 73
나는 빚진 자 ·········· 74
승진에서 탈락한 이들에게 바치는 시 ·········· 75
남광주역으로 가면 ·········· 76
정박 ·········· 77
봉숭아 4 ·········· 78
남향집의 겨울날 오후 ·········· 79
괜찮다 이만하면 괜찮아 ·········· 80
지키지 못 할 약속 ·········· 81
대림동 골목길 ·········· 82
밤과 소녀 ·········· 83
복사꽃 피고 지고 ·········· 84
빗장 ·········· 85
할아버지의 거짓말 ·········· 86
선입선출법 ·········· 87
발인 날 비가 내린다 ·········· 88
사랑한다는 것은 ·········· 89

여백의 미학 ………………………………………………… 90
외벌이 아내 ………………………………………………… 91
삼거리 담배집 ……………………………………………… 92
방황 …………………………………………………………… 93
뽕잎 …………………………………………………………… 94
스몰 이즈 뷰티풀 ………………………………………… 95
금요일 새벽 2시 남광주시장 골목길 ………………… 96
복사꽃 나무는 일곱 번 핀다 …………………………… 97
운구運柩 …………………………………………………… 98
돈 ……………………………………………………………… 99
설사 ………………………………………………………… 100
짝사랑 ……………………………………………………… 101
내 동생은 토끼 …………………………………………… 102
회상 ………………………………………………………… 103
영혼이 맑은 여자가 그립다 …………………………… 104
당신은 누구시길래 ……………………………………… 105
사랑하면 외로운 거야 …………………………………… 106
대형 생활 폐기물 ………………………………………… 107
한적함 게으름의 미학 …………………………………… 108
소음 주의보 ……………………………………………… 109
엄마 젖가슴은 호빵 ……………………………………… 110
Women in the world ……………………………………… 111

선암사 뒷뜰에 앉아

선암사 뒤뜰 벤치에 앉아
지는 해를 바라보며
송광사 불일암에서 뵈었던
법정 스님을 생각한다
산에 오면 말을 잊으라시던.
세상에는 말 많고
말 많으니 탈 많은 세상 아닌가

세속에 살면서
아무 것도 소유하지 않을 수는 없겠지만
돈도
물건도
명예도
사람도
그 무엇도 욕심내지 말자
지금 가지고 있는 것에 만족하고
더 이상은 바라지 말자

東柱형을 생각하며

하늘을 우러러
한 점 부끄럼 없기를 바랬던
동주형을 생각하면
전 너무 부끄럽게 살아왔습니다

詩가 너무 쉽게 쓰여진다고 자괴했던
동주형을 생각하면
전 아무도 알아주지 않는 시를
아픔 없이 마구 써대고 있습니다

한 일(一)자로 굳게 입 다물고
지냈다는
동주형을 생각하면
전 너무 말이 많았습니다

손톱을 깎으며

섣달 그믐날
설을 쇠기 위해
손톱을 깎는다.
손톱을 깎듯이
내 인생에서 또 한 해를 잘라버린다.

손톱은 다시 자라겠지만
잘라버린 세월은 돌아올 줄 모르는데
해 마다 섣달 그믐이 되면
손톱을 깎고
묵은 해를 잘라야 한다.

그래도 살아 있으니
손톱도 깎고
한 해도 보내는 것 아닌가
흙으로 돌아가면
손톱을 깎을 일도
묵은 해를 보낼 일도 없을 터
살아 있음에 감사한다.
손톱을 깎으며

한재골 트래킹길을 걸으며

2017년 5월 5일
해 맑은 날
광주에서 담양군 대전면 한재골 까지
동서의 차로 이팝나무 가로수 길을 달려 40분
아카시아 향기 가득
버드나무 꽃가루는 바람에 눈을 뜰 수 없도록 날리고
송홧가루 끝없이 임도를 포장한
편백숲 트래킹길 다 걸을 수 없어라
편백나무와 간간이 배롱나무가 반기고
편백나무 사이로 보이는 호수
박정권 이래 천대받아 온 전라도 땅
신은 자연의 아름다움과 공해 덜한 은택을 주었다
세월이 더 흐르면 한숨이 웃음으로 변하리라
恨 맺힌 내 고향 전라도여
한하운 시인이 황톳길을 걸어 소록도로 가며 울었던
눈물의 고장 전라도여

좋게 보이네

남자아이 스카이 씽씽 타고 여자아이 안고 가는
저 젊은이 좋게 보이네

결혼 5년 차 아직 아이가 없는 아들 내외,
맞벌이하느라 남자아이 하나 낳고 더 낳을
엄두를 못 내는 딸 부부를 떠올리며
아이들 두세씩 거느린 젊은 부부,
손자 보는 할머니 좋게 보이네

저기 가는 저 할머니
흰머리 염색하지 않고
우아하고 건강하게 곱게 늙은 저 할머니
좋게 보이네

상일대와 하일대가 어울려 식사하는 저 가족
좋게 보이네

손에 손잡고 운동가는 늙은 부부
좋게 보이네

봉숭아 1

나를 건드리지 마세요
내 좋아하는 것 막지 마세요
나도 당신 건드리지 않을 터이니
제발 나를 건드리지 마세요

나를 조금 안다고 간섭하지 마세요
나는 그렇게 간단하지 않아요
나는 나대로 뜨거운 화덕을 지나
여기에 왔으니
내 생에 감 놔라 배 놔라 관여하지 마세요

잡초 같은 나를
당신은 죽을 때 까지 알 수 없을 거예요
나는 매 순간 변하고
매 순간 자라니까요
나는 한 문장으로 표현할 수 없어요
당신이 안다고 생각하는 나는 피상적인 나예요
그런 나는 죽은 나요, 과거의 나예요

김밥 똥

【동시】

할머니가 말아 준

똥글똥글한 김밥을 먹으니

똥글똥글한 똥이 나왔다

번호표

적금을 해약하려면
번호표를 뽑고 자기 차례를 기다려야 한다.

죽는 것도 번호표 순서라면
번호표를 늦게 뽑고
자기차례가 늦게 호명되기를
바라지 않을까?

이루어 질 수 없는 사랑

바다가 보이는 언덕에
이층 양옥을 짓겠네
바다를 훤히 볼 수 있는
통 유리창을 거실에 달고
스웨덴제 벽난로를 구입
눈 내리는 겨울밤에
장작불 타는 불빛을 보겠네
조그만 정원에는 살구나무를 심고
진돗개 암수 한 쌍을 벗 삼아 살겠네

서울의 일몰

아파트 지붕 사이로
붉은 해는 넘어가고
이윽고 어둠이 오리니
네온사인과 가로등이 하나 둘 켜지면
포장마차에선 오뎅국 끓이는 소리

한 사나이가 지친 얼굴로
당산역 6번 출구를 내려와
독작으로 소주를 마신다.

김 이사는 왜 그렇게 화를 냈던 것일까
카드 대를 제외한 이번 달 월급은?

쓰디쓴 소주에 취한 그는 힘없이
여우같은 마누라가 기다리는 집으로 향하다
문득 서쪽 하늘을 쳐다보며
자신의 일몰은 무슨 색깔일까를 생각한다
바람 부는 골목길을 비틀비틀 걸으며

추억 속으로

남해안 조그만 반농반어의 촌락
어릴 적 하루 한 두 번 오는 버스는
고장이 잦았다
그럴 때면 십리 길을 걸어서
중학교를 등하교 해야했다

기차도 다니지 않는 마을
전기와 수도가 들어온 지도 얼마 안 된
이제는 젊은이들은 다 떠나고
늙은 과부들만 마을을 지키고 있다.

누나들이 바다에 다녀와
건장에 김을 떠서 말리는 동안
막내는 모닥불에 고구마를 구웠다.

눈이 내리면 초가집 처마에서 참새를 잡아
소주 안주가 좋았다.
밤이 깊도록 먹거리 내기 삼봉을 치던 지인들은
혹은 죽고 혹은 초로의 길을 타향에서 외롭게 걷고 있다.

고독은 나의 운명

나는 아무도 찾지 않는 심산(深山)의 바위처럼 고독하다.
스스로 지은 외로울孤 바위岩(孤岩)이라는 호처럼 고독하게
살고 있다
옛 직장 동료들도 학교 동창들도 만나지 않고
나 홀로 나의 城에서 지낸다
아니 홀로는 아니다 아내가 있으니까 그러나 아내는
나의 고독을 이해하지 못한다
사이버상의 친구는 있다 그러나 사이버상의 친구는 어디까지나
사이버친구일 뿐이다
어쩌면 천성이 고독하게 태어났는지도 모른다
남의 간섭을 몹시 싫어하고
맘에 들지 않는 사람과는 상대를 않으려하는
그런 성격 탓인지 친구라고 할 수 있는 친구가 없다
외로우면 홀로 술을 마시고 담배 피운다
큰 소리로 노래 부르고
맘에 내키면 책 보고 글 쓴다

'군중속의 고독'이라고 했나
현대인은 누구나 고독하게 태어나 고독하게 살다가 고독하게
죽어간다
'고독은 죽음에 이르는 병'이라고 한 키에르케고르는
고독하게 죽지 않았는지 몰라
하여튼 고독은 나의 절친한 친구가 되었다
아니 차라리 나의 운명이다.
누군가는 나이를 한 살 씩 먹어갈수록 고독에 익숙해져야
한다고 했다
맞는 말이다 고독은 결코 욕되지 않을 터이니까
우리가 죽을 때도 결국 혼자 가는 것이 아닌가
그러므로 고독을 즐길 줄 알아야 한다
고독을 즐길 수만 있다면 고독만큼 좋은 친구도 없다
고독을 즐긴다는 것, 그것은 생활습관이라기 보다는 기술이다.

四非歌

가서는 안 되는 곳은 가지를 마라
만나서는 안 되는 사람은 만나지 마라
말해서는 안 되는 것은 말하지 마라
네 여자가 아니거든 만지지 마라

非所不去 非人不遇
非事不語 非女不觸

어둠

동이 트기 전
커피 한 잔을 들고
커피색보다 진한 어둠 속에서
거실 소파에 앉는다

따뜻한 봄이 오기 위해선
매서운 추위를 견뎌야 하듯
밝은 아침을 맞이하기 위해선
칠흑 같은 어둠을 견뎌야 하리

붓다도 해탈하기 전에는
미망의 어둠 속에서 헤매었다
젊은 날의 방황과 혼돈이
이 어둠 같은 것이 아니었을까
아니, 눈 뜬 장님이라고
너도 나도 어둠 속에서 살고 있는 것은 아닌지

빛이 오면
어둠은 물러갈 것이다
사실 어둠이 있어서
아침이 더욱 감사한 것이다
한 줄기 빛을!

깨어 있어야한다.

가을의 이별

사랑하는 당신을 두고
이제는 떠나야 할 시간
바람에 날리며
구둣발에 밟힐 지라도
그대와의 한 때를 잊을 순 없지.

봄, 여름은 수줍은 새악시로
잠시는 불타는 정열의 여인으로
그대를 아낌없이 사랑했었다는 것

내년 봄이 오면
다시 돌아오리라
더 푸른 청치마를 입고
내 고운 임이여, 그때까지 안녕.

가을 단상

단풍구경 멀리 가지말자
내 집 벚나무 붉게 물들면
그게 가을인 것을

행복을 밖에서 찾지 말자
가을볕 따스한 거실에
차 한 잔 시 한 수 마주하면
그게 행복인 것을

자유를 찾아서
산으로도, 바다 끝에 가 보아도
참 자유는 없더라
그것은 내 내면에 있는 것을

기념 타월

화장실 수건걸이에 걸려 있는
〈80년 춘계 야유회 기업은행 국제영업부〉가
새겨진 타월 한 장
나의 이력을 말해 주고 있다

그래, 그 때 내가 그 곳에서 젊은 날을 보냈었지
같이 일했던 동료들은 소식이 끊겼고
나는 인생 후반전을 뛰고 있다
너는 나를 잠시 기억 속으로 이끌고 가누나

당시의 지위, 젊음, 영욕이 색이 바랬듯
너 역시 탈색된 채
외롭게 걸려 있구나

언젠가 육신이 버려지듯
너 또한 버려질 것이다

화순 적벽

새벽이 밀려온다
물안개
뿌연 물안개
친구는 일어나지 않았다
쌀을 코펠에 씻어 버너에 올린다

동복 댐이 생겼다
함께 적벽 강에 갔던 친구도
동복 댐 깊은 물의 기억 속으로 묻혔다

'무등산이 높다더니 소나무 가지 아래에 있고
적벽 강이 깊다더니 모래 위에 흐르는 구나'
라고 읊은 김삿갓을 기린다

받아쓰기

나는 매일 生을 받아쓰기 한다
고로 내 生은 내 생이 아니다
받아쓰기를 부르는 사람의 것이다
나는 그가 부르는 대로 살 뿐이다
받아쓰기에 서투른 나는
生을 자꾸 틀리게 산다
한 번도 만점을 받은 적이 없다
어제만 해도 받아쓰기를 잘 못해
正道를 걷지 못하고 헤매었다
그럼 오늘은?

밤 까기

단단한 밤의 적막을 까면

하얀 아침이 온다

불면의 밤을 지새본 사람만이 안다

밤의 껍질이 얼마나 두꺼운 줄을

그 밤의 껍질을 까는 일이

얼마나 힘들다는 걸

마늘 까기

노리끼리한 꺼풀을 벗기면

드러나는 하얀 피부

어떤 꺼풀은 잘 벗겨지지만

어떤 꺼풀은 쉽게 벗겨지지 않아

미시즈와 미스의 차이?

양파를 까면서

양파를 앞에 놓고
내 인생을 송두리째 열어 보인다
한 꺼풀 벗길 때 마다
얼룩진 내 청춘이 치부를 드러낸다

맵고 어둡고 미끌미끌하여
잘 벗겨지지 않는 내 과거를
눈물을 질질 흘리며
그대에게 까밝힌다

다 벗기고 나니
벌거숭이가 된 나의 인생
그 빈껍데기를 그대의 사랑으로 채워주구려

막내 고모 생각

【동시】

고모가 왔다
처음 보는 고모였다
고모부의 술버릇에 못 이겨
노화도 뱃놈을 따라 노화도에 갔다 왔다 한다
아버지는 그런 동생을 몹시 나무랬다
다음 날 학교에 다녀오니
고모는 울면서 갔다 한다
엄마에게 고모 데리고 오라고
억지를 쓰며 엉엉 울었다

아재, 아침 잡수셨소?

내가 중학생일 때
광주 교대를 다니셨던 아재

어느 겨울 방학 밤 따뜻한 아랫목에서
너 커서 무엇이 될래?
이청준이 같은 문인이 되고 싶어요.
야 인마, 문인이 되면 밥 빌어먹어야.
공부 열심히 해서 판검사가 되어야 출세하는 거야.

나는 판검사도 못 되고 문인도 되지 못 하고
환갑이 지났고
내 어린 시절 영웅이었던 아재는
고희를 넘기며 시인으로 등단하셨다.

아재, 아침은 잡수셨소?
시인들도 요즈음은 밥 빌어먹지 않나요?

저 마다의 인생

임께로 갈 때는
가면을 벗고
맨얼굴로 가오리라

임이 원하시면
겉옷도 벗고
벌거숭이로 가오리다

하오나 임이시여
마지막 꺼풀만은 벗기지 마옵소서
그건 저만의 인생이니까

인연의 끈

한 사람이 내게로 오고
또 한 사람이 내게서 간다
오는 사람 막지 말고
가는 사람 잡지 말라고 했는데

오는 것은 인연이 닿아서 오고
가는 것 또한 인연이 다하여 가는 것
그러나 내가 어디 도통한 사람인가
오면 기쁘고 가면 몹시 슬프다

만나고 헤어지는 게 산다는 것일 것이다.
얼굴의 미추에 관계없이 정이 없는 사람은
상대를 않는다.
잘난척하는 사람도 만나지 않는다.
심성이 고운 사람이면 나도 정을 준다

회자정리라고 했던가
언젠가 사람은 헤어지게 되어 있다.
싫어서도 아니요 미워서도 아니다.
백년해로해도 죽음은 그들을 갈라 놓는다

인연의 끈
가는 줄은 길고 오는 줄은 자꾸 짧아지기만 한다.
지우지 않고 남아 있는 핸드폰 속의 그녀.

관계의 덫

우리는 살면서 갖가지 관계를 맺는다.
부부 관계, 부자 관계, 친구 관계, 연인 관계…
그 외에도 단체(조직)에 들어가면 원하건 원하지 않건
여러 관계의 덫에 걸려든다.
그리고 이 관계의 틀이 복잡할수록 자유를 그만큼
희생해야 하고 삶은 복잡해진다.
비교적 자유롭다고 할 수 있는 종교 단체에서도
신도들을 관계의 사슬로 묶으려 하는 일을 종종 본다.

자유롭고자 하는 사람은 될 수 있으면 이 관계의 틀을
최소화-벗어나-혼자만의 세계에 머무를 필요가 있다.
어느 조직의 회장, 총무라는 감투에 눈이 먼 사람도 있으나
나는 그들을 좋게 보지 않는다.
인위적으로 단절시킬 수 없는 관계 말고는
관계의 사슬을 단순화하고 그물을 뚫고 지나가는 바람처럼
얽매이지 말아야 한다.
사람이 살면서 관계를 맺지 않고 살 수는 없으나
삶을 단순화하기 위해서는 관계가 단순해야 한다는 것이다

봉숭아 2

당신이 알고 있는 내가 아닌,
방금 전까지의 내가 아닌
지금 이 순간의 나를 보세요

지금 이 순간의 나를 보고 말하시오
방금 전까지의 내가, 내가 아니듯
과거의 나는 더욱 내가 아니지요

나는 순간순간 변해요
과거의 나를 생각하며
그 내가 나라고 말하지 마세요

나는 이 순간도 또 변했어요
변화 중에 있는 나를 보고 말하세요
나는 살아있고 살아있음으로 수시로 변합니다

죽은 내가 아닌
이 순간의 나를 보세요

오래된 기억

그 해 윤달
할아버지 묘를 이장하기 위하여 파묘했다
흙을 조심스럽게 파고 들어가자
재가 된 성기, 남자였군요
인부가 말하면서
할아버지의 성기를 훅 불자
먼지로 날아가 버렸다
나머지 유골을 라면 박스에 추려 담으니
가뿐하다
이렇게 썩으면 가벼울 삶을
왜 그렇게 무겁게 살다 갔을까
몇 그람의 뼈 조각으로 남을
육신을 애지중지 아꼈던가
묘비명도 없는 이름 석 자 허공에서 메아리친다

잊어주리라

다시는 찾지도 않고
전화도 않으면
우린 그렇게 잊히겠지요

정도 식고
그리움도 색이 바래면
우린 그렇게 잊히겠지요

희미한 옛사랑의 추억
볼에 스치는 그대의 입맞춤의 기억만을 남긴 채
우린 그렇게 잊히겠지요

오늘도 어제도 아니 잊고
먼 훗날 그때에 잊었노라고※

그대의 행복을 위해
기도하는 마음으로 잊어주리라

※김소월 '먼 후일'

종복아, 이제

예순여섯이 되도록
혹은 뺏길까, 혹은 들킬까
굳게 쥐고 살아온 두 주먹
종복아, 이제 그 주먹을 펴자
손 안에 쥔 밤을 놓지 못해
사냥꾼에게 잡히고 마는 원숭이를 생각하자
앞으론 부처님 손바닥처럼
주먹을 펴고
손바닥을 보이며 살자
네게 있는 것
거저 받았으니
거저 주며 살자
네가 가지고 있는 재산 그 중에 특히 돈과
서툴지만 할 수 있는 뽕짝, 남도소리, 글쓰기 등의 달란트
움켜쥐고 있는 명예욕, 아집, 이생의 자랑,
숨기고 있는 체면
이제 펼쳐 보이고
베풀면서
살자꾸나
종복아, 제발

그 남자의 2017년 봄

지난 해 9월부터 그는 다시 앓았고
추운 겨울 인고의 계절을 신음하며 보냈다
이 땅에 봄은 왔건만
사람들이 꽃구경 갈 때도
그는 집 밖을 나서지 않았다
남도의 매화향기를 문향(聞香)함으로 만족하며
그가 알고 있는 몇 사람들과도 단절된 채
자신 안에 있는 교만과 온갖 더러움을
흐르는 한강물에 던지고 있었다
그래도 남아 있는 에고
얼마나 더 아프고, 더 비워내야
그는 사람이 될까?

오 하나님
살려주세요

육개장 한 사발로 가는 인생

부자건 가난한 사람이건
육개장 한 사발로 간다

A가 죽었다
A의 피같이 시뻘건 육개장 한 사발과
편육 한 접시로
B는 A의 죽음을 장례한다

B가 죽으면 C가, C가 죽으면 D가 ……
육개장 한 사발로 장례식을 치른다

고사리와 토란나물, 소고기, 마늘, 생강, 고춧가루로
끓인 육개장과
편육으로 부자건 가난한 사람이건
죽은 이를 값싸게 보낸다

기드론 시내를 건너지 마라

어쩔 수 없는 경우를 제외하고 대한민국을 벗어나지 마라
인천공항 출국심사대에 서지 마라
가능하면 서울특별시 내에 머물라
서울에서도 영등포구 밖으로 나서지 마라
영등포를 벗어나더라도 곧 다시 돌아오라
영등포구 중에서도 너의 아파트 울타리 안에서 꼼지락거려라

넌 너의 아파트 내에서 모든 것을 할 수 있다
        책을 읽고
        시를 쓰고
        음악을 듣고
        노래를 부르고
        술을 마시고 담배를 피우는 등

그러니 너의 아파트 밖을 벗어나지 마라
아파트 밖을 벗어나더라도 영등포 내에서 운신하라
넌 모든 것을 그 안에서 할 수 있으므로

* Kidron시내: 예루살렘 동편에 있는 한 골짜기. 다윗을 저주하였던 시므이를 솔로몬이 기드론 시내 내에서만 운신하도록 허락하였는데 시므이가 도망간 노예를 찾아서 기드론 시내를 건넜기 때문에 죽임을 당함(왕상 2:36~46)

분해 소제

60년 넘게
이 몸 함부로 사용해 왔으니
분해 소제할 때도 됐다

죄로 점철되고
세파에 시달려 온
온 몸과 마음의 나사와 이음새를,
특히 녹슨 머리와
감동을 잃어버린 가슴을
모두 분해해
반짝반짝
닦고 조이고 기름칠 하자

나는 모른다

나는 모른다
정말 아무 것도 모른다
어떻게 사랑해야 하고
어떤 삶이 옳은 것인지
다만 아는 척 할 뿐이다
사실을 말하자면 쥐뿔도 모르면서
많은 것을 아는 것처럼 행동할 뿐이다
왜냐하면 나는 예순 일곱 먹은 어른이니까

어떤 것은 여덟 살 먹은 외손자가 알고 있는 것도 모른다
그 애는 많은 것을 알고 있다
다만 아는 척 하지 않을 뿐이다
왜냐하면 그 애는 어린애이니까

아무 것도 모르면서 다 아는 척 하는 나와
많은 것을 알면서도 가만히 있는 외손자,
외손자와 나와의 차이점이다

커피숍에서

Angel-in-us 커피숍에는
천사(angel)이 없다
천사는 네 집에 있다

STARBUCKS coffee shop에는
별(star)도 돈(bucks)도 없다
별은 '별이 빛나는 밤*'에 있다
'행복커피숍**'에는 행복이 없다
행복은 네 집 식탁에 있다

헛된 것을 잡으려고
밤거리를 방황하지 마라

* 당산동 빅마켓 뒤 라이브 술집
** 당산동 현대아파트 건너편 2층 다방

막대사탕

【동시】

2교시 '가을' 시간에 친구가 준 막대사탕

아까워 먹지 않고 남겨두었는데

놀이터에서 놀다 집에 와서 보니 없네

어디 갔을까 내 막대사탕?

튀밥 튀기는 사람

저기 저 튀밥 튀기는 사람
내 좁은 속아지도 좀 크게 튀겨 주구려

조그만 아파트도 큰 아파트로
튀겨 주시고
통장의 잔고도 좀 튀겨 주구려

쌀과 떡국으로만 튀밥 튀기지 마시고
내 인생 전체를 한 번
뻥!
튀겨 주구려

당신은 타인의 여자

1) 당신을 사랑했어요
   너무너무 사랑했어요
   그러나 당신은 타인의 여자
   사랑해서도 정을 주어도
   안 되는 여자
   무작정 사랑한 게 잘못이었소
   아, 아 당신은 타인의 여자
   잊어주리라 잊어주리라
   맹세하고 맹세했건만
   잊을 수 없는 잊을 수 없는
   아, 아 당신은 타인의 여자
   아, 아 당신은 타인의 여자

2) 당신이 그리워요
   정말 정말 보고 싶어요
   그러나 당신은 타인의 여자
   못잊어 해도 그리워해도
   안 되는 여자
   애당초 사랑한 게 잘못이었소
   아, 아 당신은 타인의 여자
   잊어주리라 잊어주리라
   다짐하고 다짐했건만
   잊을 수 없는 잊을 수 없는
   아, 아 당신은 타인의 여자
   아, 아 당신은 타인의 여자

슬픔이란

기다릴 수 있을 때는 슬픈 게 아냐

기다릴 수 없을 때가 슬픈 거야

조금이라도 희망이 있는 한 슬픈 게 아냐

희망마저 없을 때가 슬픈 거야

헛것

내가 살아 온 인생은 헛것
내가 잡으려고 애쓴 것도 헛것
이 세상도 헛것
돈도 명예도, 여자도 헛것
내가 읽은 책 속의 것도 헛것
내가 쓴 글도 헛것 모두 헛것
내 지식도
내가 만난 사람들도 헛것
헛것을 찾아 헛산 인생

헛것이 아닌 것은
내 집에 있을 뿐
집 밖을 나가면 모두 헛것
아파트 울 밖으로 한 발자국도
나가지 말자
세끼 밥, 소주 한 병, 담배 한 갑,
책, 펜과 노트면
하루 분의 삶에 충분하다
밖에서 구하려 하지 말자

새벽에 일어 반야심경 독경소리를 듣는다

처자식을 버리고
친구와 스승을 배신하고
석가와 예수까지 죽이고 나면
나는 무엇이 될까
나의 詩는 속된 넋두리를 벗을 수 있을까

내 삶은
내 삶은 일체의 괴로움이 사라지고 (能除一切苦)
헛되지 않는 진실이 될 수 있을까 (眞實不虛)
깨끗하다 더럽다는 구분도 사라지고 (不垢不淨)
늙고 죽는다는 것도, 늙음과 죽음도 없는 경지에도 도달할 수 있을까
(無老死 亦無老死盡)

반야심경을 달달 외우고
그 의미를 어렴풋이나마 짐작하고
그것마저 까먹으면
홀로 설 수 있을까
새벽 3시 홀로 일어 반야심경 독경소리를 들으며

넉넉하다

김장 김치 냉장고에 가득하고
쌀 한 가마니 들여다 놓고
수돗물 콸콸 나오니
넉넉하다

식탁 위에 김치찌개 맛나맛나 김나고
딸 아들 사위 며느리 손자들
둘러 앉아 먹으니
넉넉하다

추운 겨울날
난방 따뜻하게 해 놓고
식구들 도란도란
고구마 먹으며 담소하니
넉넉하다

음악이 흐르고
읽을 책 한 권 있으니
소주 한 잔 만 더하면
넉넉하다

무엇을 더 바라랴
내게 주어진 것에 감사 한다
넉넉하다
내 복이 차고 넘친다

청테이프 인생

아무 곳이나, 어디에나
빌붙어
천하디 천하게
그러나 없으면 아쉬운 그런
생을 살았다

모태에서 태어나 산으로 가는 인생
하잘 것 없이 살았다고는 말하지 마라
나는 나대로 내게 주어진
삶을 충실히 살아왔으니까

혹은 전봇대에서
혹은 건물벽에서
혹은 택배 상자에서 …

Eleven elements to think of

- 건강하고 곱게 늙자(grow old gracefully and healthy): 적절한 돈과 건강이 있으면 우아하게 늙을 수 있다. 나이를 먹더라도 늙지는 말자. 생각이 늙으면 늙는 것이고 팔구십이라도 청춘일 수 있다.

- 단순하고 느리게 살자(live a simple life): 단순하고 느리게 살자. 복잡하게 계산하며 살지 말자. 무위자연상선약수(無爲自然上善若水), 무위가 곧 자연이다. 자연은 작위하지 않는다. 물처럼 자연스럽게 살자. 섹스를 할 때도, 노래를 부를 때도, 글을 쓸 때도. 작위하려고 애쓰지 말자. 흐르는 대로 내버려 두자. 무위와 자연, 물(水)이 최고의 善이다.

- 네게 합당한 것 이상을 욕심내지 말자(do not want more than what you deserve): 지금 내가 가진 것-재산, 건강 등 - 모든 소유 이상을 욕심 내지 말자. what you deserve 그 이상을 바라지 말자. 이제는 내가 가진 것에서 베풀고 살자. 신이 내게 준 것에 감사하며 사랑하며 살자.

- 나의 서재, 나의 휘게크로그, 나의 눅(my studio my hyggekrog, or my nook): 내 아파트, 서재와 거실, 음악실, 글쓰기교실, 당산동, 영등포구, 서울특별시, 대한민국을 가능하면 벗어나지 말자. 나는 내 studio에서 음악을 듣고, 책을 읽을 수

있고, 시를 쓰고, 노래 부를 수 있고, 소주를 마시는 등 모든 것을 할 수 있다. *나는 나의 서재를 studio, hyggekrog(휘게라이프 참조) 휘게 하기 좋은 곳, nook 구석진 자리라는 hyggekrog와 의미가 비슷한 영어

- 믿음과 은혜의 분량대로(according to my amount of belief or blessing) : 믿음의 분량대로, 은혜의 분량대로 사고하고 행동하자. 내게 주어진 분량의 경계내에서 그 경계를 벗어나지 말고 살자. 마땅히 생각할 생각 이상을 생각하지 말자.

- 중도와 감사(the middle way & thankfulness): 극단으로 치우치지 말 것. 좌로도 우로도 치우치지 말고 중간에 머무를 것. 아무리 좋은 것이라도 극단은 금물. 감사를 잊지 말 것. 생명을 준 신과 부모, 아내와 자식들에게 감사 할 것. 푸성귀 하나라도 감사 하지 않고는 먹지 말 것. 삼라만상에 너는 빚진자라는 것을 기억하며 살아갈 것.

- 고독, 침묵, 마음의 평화(solitude, silence, peace of mind): 가능하면 침묵하고 고독을 벗하여 살 것. 말이 적은 남자가 될 것(be a man of few words).마음의 평화를 유지 할 것.

- 덧없는 세상 것(evanescent things)에 마음을 두지 말자: 명성, 돈, 여자, 생명 그 자체까지 덧없는 세상 것에 미련을 두지 말자. 허탄한 마음을 품지 말자.

- 자유, 관용, 배려(freedom, generosity, consideration): 방종이 아니라면 자유를, 타인에 대한 관용과 배려를.

- 남을 탓하지 마라(don't blame others): 남의 결점을 탓하지 말고 너나 잘해. 그들이 너보다 더 잘하고 있는지 모르지 않느냐. 그들대로의 사정도 있을 것이고.

- 겸손과 온유(be humble & gentle): 예수님처럼 마음이 온유하고 겸손하자.(마태 11:29)하나님은 교만과 불순종을 가장 싫어하신다. 사실 우상숭배라는 것 교만의 산물 아닌가.

다리 밑에서 주어온 나

나는 부모가 누군지도 모르고
경주 李씨가 다리 밑에서 주어와
밀양 朴씨 집안의 막내로 호적에 등재하였다
다리 밑에서 주어온 나를
애지중지 키워준 경주 李씨도
콜록 거리던 밀양 朴씨도 저 세상으로 가고

나는 여자 아이와 사내 아이 하나씩을
다리 밑에서 주어와 키워 출가시켰다
나는 이제 나의 근원을 찾아
다리 밑을 파고 든다
원시림 같은 그 곳
환선굴 같은 그 곳
아~하는 탄성

소쇄원 대나무 숲에 이는 바람 소리

대나무 사이로 뱀이 기어가나
쉬~이 쉬~이
조광조가 오줌을 누나
쉬~이 쉬~이
소쇄원 대나무 숲에 숨어 우는 바람 소리

비 개인 후 제월당霽月堂에 달빛 비추고
광풍각光風閣에 청량한 바람이 일어
恨 맺힌 호남인의 가슴을 적시는
대나무의 신음 소리

호남 사람들아
이제 恨을 뛰어 넘자
시원한 바람, 밝은 달이 함께하는
이곳이 무릉도원이야
역사는 공전하고
소쇄원은 이곳에 남아
언젠가는 희망의 바람이 일터이니

펀(Fun)

음식은 맛이 있어야 하고
영화나 소설은 흥미진진해야한다
세상만사 재미가 있어야한다

사람도 재미가 있어야 또 만나지
고리타분하고 고지식한 사람은 딱 질색이다

강의도 재미가 있어야 수강생이 모인다
지루하고 따분한 것을 좋아할 사람은 아무도 없다

사람 사는 것도 재미가 있어야한다
무미건조한 삶은 싫다

나는 재미없는 천국 보다
재미있는 지옥을 택하겠다

스마타이즈(Smartize)

핸드폰 갤러리의 불요한 사진을 삭제한다
철 지난 카톡과 문자를 지운다
전화번호와 카톡주소도 꼭 필요한 것만
남기고 삭제한다
스마트폰이 스마트 해졌다

이젠 생활도 스마트하게
근심 걱정 모두 쓰레기통으로 보내고
번잡한 일상사 삭제하고
아는 사람들도 정리하자

Simple & Smart Life !!

봉숭아 3

이제는 건드려도
도를 지난 관여에도
폭발할 수 없는 순명을
깊은 슬픔으로 침전 한다

차라리 폭발할 때가 좋았을
거리로 뛰쳐나갈 수도
흔적 없이 사라질 수도 없는
십자가를 지고 가듯

말없이 담배나 피우던지
술이나 마시고
소리 없이 울던지

너도 너의 것이 아니다

아내는 남이다
딸도 남이다
아들도 남이다
사위도 남이다
며느리도 남이다
손자도 남이다

아내는 너의 것이 아니다
딸도 너의 것이 아니다
아들도 너의 것이 아니다
사위도 너의 것이 아니다
며느리도 너의 것이 아니다
손자도 너의 것이 아니다

너도 너의 것이 아니다

반시 反詩

시인이란 없다
다만 시가 있을 뿐이다
시도 없다
종이로 된 시집이 있을 뿐이다

시집을 인수분해하면 다만
ㅅ
ㅏ
ㄹ
ㅏ
ㅇ
등 기역 니은 등이
있을 뿐이다

그런데
시인 축에도 들지 못하는
나는
왜
밤마다 크로스퍼즐을 짜 맞추려고
잠 못 드는 것일까?

나는 복제된 인간이다

술 담배 좋아하시던 할아버지와
콜록거리며 비실대던 첩살림을 한 아버지
정과 사랑, 용서 밖에 모르던 어머니의
잘못 복제된 인간이다
이른바 열성 유전
유전이라기보다는 a copy이다

할아버지는 죽는 날 까지 반주로 소주를 마시고
담배를 피셨다
아버지는 고리대금업자였다
6.25 때 좌익들에게 맞아 폐결핵으로 콜록거리며
장터에서 오가다라는 유명한 여자와 첩살림을 했다
어머니, 어머니는 아무 것도 모르는 촌부였다
동네 제삿날은 기록 없이 다 아셨지만

이제 나는 스스로 재복제하고 싶다
할아버지의 이웃사랑과
어머니의 헌신과 순종으로

붕어빵 속에서 파닥이는 붕어를 보았네

친구의 붕어빵에는
붕어가 없다는데

내 붕어빵 속에서
파닥이는 예쁜 붕어 한 마리 보았네

내가 한 입 베어 물고자 했을 때
그 붕어 검은 몸만 남기고
창공으로 날아가는 것 보았네

나는 이제 無爲徒食하리라

내 나이 예순 일곱
젊었을 때 병중에도 따가운 시선을 감내하며
애써 돈 벌었으니
이제 아내 명의 아파트 한 채, 월세 나오는 오피스텔
아내의 교원연금, 나의 국민연금
부자라고는 할 수는 없으나 먹고 살 걱정은 없으니
이제 더 돈 벌려고 애쓰지 않아도 된다
내가 지금 가지고 있는 것 이상으로 욕심내지 않고
주어진 것에 감사하며
내 수입에 맞게 살고
아내가 해 준 삼 시 세끼 밥 먹고
이제 아무 것도 하지 않고
내 좋아하는 것 하며 무위도식하리라

사실 병원비만 안 들면
사람 사는 데 그리 많은 돈은 들어가지 않아
나 같은 경우 하루 담배 한 갑, 소주 한 병,
삼 시 세 끼 집 밥이면 된다
남들이 소고기 먹을 때
삼겹살 먹고
양주나 와인 마실 때 1,350 원 하는 소주 마시면 된다
3개월에 3만원 즉 월 1만원 수강료 내고 매주 화요일
노래교실에서 2시간 목청껏 노래도 부를 수 있다
나는 이렇게 나대로 무위도식하리라

고암에게 있어 산다는 것이란

고난이 찾아왔을 때
그 고난에 지지 않으려고
이를 아드득 바드득 가는 버릇이 생겼다

죽지 않으려고
혹시 죽을까봐
세끼 밥을 우적우적 먹었다

이렇게 삶이 치졸한 것이란 말인가
인간으로서의 존엄성도
자존감도 없었다
오직 그는 살아남아야 했다
치열한 생존에의 본능
그것이 그를 지탱했다

죽지 않고 살아남아야 했기에
고난에 질 수 없었기 때문에
그는 오늘도 이를 아드득 바드득 갈며
밥을 우적우적 먹는다
단지 그것뿐이다
더 이상은 묻지 마라

내소사 전나무 숲길을 걸으며

매표소의 직원도 퇴근한 시간
입장료를 내지 않고 내소사 전나무 숲길을 걷는다
탐방객도 승려도 발길이 끊긴 밤길
우리 부부 단 둘이 손을 잡고 걷는다

전나무 숲도 잠들고
산새들도 둥지 속으로 들어갔는가
고요한 숲길에 두 사람의 발자국 소리만
우리도 말을 잃고 생각도 잃고 묵묵히 걷기만 한다

사찰 내로 들어가니
개구리 우는 소리 요란하다
가까이 가니 인기척을 느꼈는지
개구리가 울음을 뚝 그친다

돌아 나오는 길
초승달이 길을 안내한다.
도시에서 볼 수 없는 초롱초롱한 별
고흐의 〈별이 빛나는 밤〉을 생각나게 한다

반야(般若)는 얻지 못 했을망정
몸과 마음의 정화는 되었다

회귀열

21세기 사람답게
생각하고
열여섯 일곱 소녀 소년 수준에서
글 쓰란다

하지만 난 자꾸
옛날로 돌아가고 싶다
시도 통 새것은 읽히지 않는다

검정 고무신을 신고
광주학생회관 계단을
오르내리던 시절이 그립고

그 때 읽었던 청마의 시가 다시 읽고 싶고
막걸리 잔을 두들기며
불렀던 이난영의 '목포의 눈물' 이,
서투른 남도소리가
다시금 부르고 싶고
이제는 명을 달리 한
형님 누나 어머니가
몹시도 보고 싶어지는 건
순전히 회귀열이다

고창 청보리밭에서

청보리밭 여기저기에 보릿대가 쓰러져 있다
사람들이 사진을 찍으려고 보릿대를 밟아 놓은 것이다
그까짓 사진 한 장 찍으려고
농민들이 피 땀 흘려 농사지은 보리를 밟다니

어릴 적 시골에서는
밤사이에 보리가 쓰러져 있으면
청춘남녀가 사랑을 한 흔적이라 했다
모텔도 러브호텔도 없는 시골에서
사랑을 나눌 장소는 보리밭뿐이었으니
그래도 이해할만 하지 않는가

사랑을 한 것도 아니고
단지 사진 한 장 찍으려고
보리밭을 망쳐놓다니

봄비

봄에 내리는 비는
머리 위로 오지 않고
처녀의 가슴으로 내린다
소리 없이

처녀의 젖꼭지만 살짝이 건드리고
마음만 싱숭생숭하게 해놓고
그렇게 봄비는 간다
속절없이

나는 봄비이다
결코 그 처녀를 울리지는 않으리라
안아만 주고 가리라
기약 없이

미끄럼틀

【동시】

올라갔다가
쭈르륵 내려오는 미끄럼틀
우리 아빠 승진에서
미끄러진 미끄럼틀
그날 밤 술이 취해 돌아온 아빠의 미끄럼틀

할아버지 문예공모전에서
미끄러진 미끄럼틀
그래도 허허 웃으시는 할아버지의 미끄럼틀

미끄러워 미끄럼틀
올라갔다가 쭈르륵 미끄러지는 미끄럼틀

나는 빚진 자

봄꽃을 피우는 햇빛
가을밤 휘영청 떠 있는 밝은 달
시마를 깨우는 영롱한 별의 반짝임
온 천하를 하얗게 페인트 칠 하는 눈
산들바람에 몸을 맡겨 흔들리는 나뭇가지
그 사이에서 지저귀는 새들
이른 비와 늦은 비를 주시는 하나님
한강 고수부지의 잔디밭
흐르는 물, 먼 원뢰
내 건강을 염려해주는 누나들과 처제들
나를 위해 울어주던 글쓰기 반의 선생님
내 지병을 치료하시는 서울대학교병원 안 교수님
삼십 년이 넘도록 나 때문에 눈물로 기도한 아내
무엇보다 나의 생명

모두가 값없이 받은 것

승진에서 탈락한 이들에게 바치는 시

그대에게 천하를 경영할 지혜가 있고
그대가 CEO처럼 생각하며 업무를 해 왔으며
입사 동기들이 혹은 후배들이 이미 승진하였고
현재의 직책에서 오랫동안 승진을 고대해 왔는데도
승진 인사에 탈락되어 절망해 있다면
그래도 소망만은 버리지 마십시오.
아니면 「인간은 무엇이 되기 위해 사는 것이 아니다」라고
자위 하십시오.
조직이 그대를 알아주지 않는다고
관운이 없다고 운명을 탓하지 말고
앞으로 더 열심히 일하고
그 일에서 보람과 기쁨을 찾아내십시오.
「盡人事 待天命」이라
언젠가는 전자 문서에 그대 이름 석 자가 뜰 것이요.
그래도 마음이 아프다면
담배 한 까치의 연기 속으로 회한을 날려 보내거나
한 잔 술에 시 한 수를 읊으시구려.
그리고 조용히 생각해 보십시오.
그대가 승진에서 왜 탈락됐는지
그대가 「자기 경영」을 잘 해 왔는지.
중요한 것은 다시 말 하지만
결코 소망만은 버리지 않는 것입니다.
여름 날 소나기처럼 갑자기
기적처럼
운명의 여신이 그대에게 미소를 지을 날이 있을 것이요

남광주역으로 가면

광주천 위로 난 남광보도교를 건너
새벽에 남광주역으로 가면
한 때는 여수에서 밤열차로 생선을 싣고 오던
아낙들은 보이지 않고
화순, 능주에서 새벽 버스로 부추, 고사리, 돌미나리,
제비추리를 싣고와 노점을 펼친
노파들을 만날 수 있다

양림동 처제 아파트에서
구절초, 패랭이꽃 핀 산책로를 따라 걸어서
아침에 남광주역으로 가면
남광주 재래시장 상인들의
치열한 삶의 몸부림을 만날 수 있다
기적소리 힘차게 울렸던 기차는
이제 간이도서관이 되어 멈춰서있다
폐차된 기관차와 녹슨 철길
우리네 오래된 미래를 만날 수 있다

정박

여기 쯤 닻을 내리고 정박하고 싶다
The end of voyage and wandering
그동안의 항해에 지친 몸과 마음
이곳에 둥지를 틀고 더 이상 방황하지 말자
덧없는 세상 것, 그 무엇을 잡으려고 그리도 찾아 헤맸나
헛것이였다 신기루였다
허탄한 데 마음 두지 말자
이 항구에서 저 항구로 잡을 수 없는 세상 것 찾아 헤맨
결과가 무엇이었나
거친 바다, 파도, 풍랑
이제 키를 버리고 영원히 이곳에 정박하고
다른 곳으로 항해하지 말자

항해의 끝, 방황의 끝
내 집 내 거실에 있는 암노루 같은 예쁜 아내를,
아내만을 사랑하며 살자
세상 여자들에게 정력과 돈을 낭비하지 말자

봉숭아 4

살아오면서
무섭게 어려운 시절도
이를 악물고 이겨내며 여기까지 왔다

몇 차례는 지병으로
한 때는 청춘의 시뻘건 죄의
대가를 치르기 위해
발가락 사이의 무좀처럼
장마철 화장실 곰팡이처럼
그렇게
용케도 죽지 않고 이겨냈다

생존에의 치열한 본능

남향집의 겨울날 오후

아내가 멀리 여행 가고
혼자 국물 데워
술 한 잔에 점심을 먹는다
난방을 한다
음악을 크게 튼다
거실에 앉으니
햇볕이 따스하다
밖은 영하 십도라는데.

당신 때문에 우는 게 아니야
내린 비에 젖었을 뿐이야
상처만 남기고 떠난 님인데
바보처럼 내가 왜 울어
…
애절하게 부르는
정정아의 '당신 때문에'

햇볕 받으며
월간 시인동네 과월호에서
김언희 시인의 시를 읽는다
 '죽여준다정말죽여줘신옥보단3D로보니온세상이
육포지극락보감이네'
…
그녀의
Eleven Kinds of Loneliness의 한 구절.

괜찮다 이만하면 괜찮아

내가 살아 온 인생
허물도 많고
죄도 많지만
그래도 이만하면 괜찮아

후회도 하지 마
恨 하지도 마
괜찮아
나는 나대로의 생을 살아왔으니까
다시 태어나도 그 보다는
좋은 삶을 살 순 없을 테니까
딸 아들 결혼 시키고
지금 그만한 건강 지키고 살고 있으니
괜찮다 이만하면 괜찮아

내 육체의 남은 때를
즐겁게 살면 돼
우아하고 건강하게만 늙어 가면 돼
허탄한 데 마음 두지 마
내 아내, 자식들, 너를 사랑하는 숙, 서, 국, 욱, 현…
그들과 함께 있으니
그것이면 족해
괜찮아 이만하면 괜찮아

지키지 못 할 약속

언제까지나 너를 지켜주겠다고 했다
그러나 난 안다
이제는 너를 보내야 함을

애당초 말하지 않았어야 했다
너를 영원히 사랑하겠다고
쉽게 변하는 게 사람의 마음이라고
그렇게 말 했어야 했다

약속은 지켜야 한다고
나는 배웠었다
그렇지만 사랑의 약속이란 게
처음부터 부질없었다는 걸
이별을 해 본 사람은 안다

대림동 골목길

신림행 전철 안에서
여자에게 바람맞고

대림동 골목길을 헤매며
다시는 여자에게 속지 말자고

여자는 뜬구름이라고
곱씹으며 곱씹으며

국민은행 대림동지점 뒤에서
줄담배만 피웠다

밤과 소녀

밤은 소녀이다
매일 어둠이 깔리면
살며시 나의 창문을 두들긴다.

그 소녀는
때로는 자장가를 불러
나를 잠재우고
때로는 격렬한 몸동작으로
잠 못 들게 한다.

소녀가 더 이상
나를 찾지 않으면
나는 이 세상에 없을 터
내 소녀도 희미한 가로등 아래서
울먹이고 있겠지.

복사꽃 피고 지고

복사꽃 필 때에 떠나간 사람
복숭아 익거든 오마던 사람
복사꽃 피고 지고 몇 번이던가
복사나무 가지 잡고 나는 우네
아리아리 쓰리쓰리 아라리오
아리아리 고개로 넘어 간다

빗장

행여 임이 오실까봐
사립문 고리를 풀어놓았습니다

임이 더디 오실까봐
방문도 잠그지 않았습니다

기다리다 지쳐 잠든 사이에 오실까봐
가슴의 걸쇠도 풀어 놓았습니다

그런데 임은 오시지 않고
도둑이 가슴만 훔쳐 갔습니다

할아버지의 거짓말

【동시】

초등학교 입학하기 전
할아버지가 가르쳐 준
학교종이 땡땡 친다 어서모여라
선생님이 우리를 기다리신다

순 거짓말이다
이제 학교종은 땡땡 치지 않는다
수업 시작하고 끝날 때
띠리리히~ 띠리리히~ 음악이 나온다

나 할아버지 되었을 때
손자에게 어떻게
그 서양 음악을 가르쳐 줘야 할까?
고민이다

선입선출법

재고 원료의 선입선출법처럼
생명에도 선입선출법이 적용될 수 없을까

사자도 늙은 노루를 먼저 잡아먹고
神도 나이든 사람 순으로 데려간다면
살만큼 산 노인들을 데려가도 유감이 없지만
젊은이들 특히나 어린 생명을 데려가면 너무 슬퍼요
생명에게만은 후입선출법 後入先出法을 적용하지 마소서

자비로우신 神이여
제발 선입선출법처럼 생년월일 순으로 생명을 취하소서
그러면 언제 죽을까 걱정할 일도 없겠지요
나보다 하루 전에 태어난 사람이 죽으면
그 다음 차례는 날 테니까요

발인 날 비가 내린다

망자의 한(恨)인가
미망인의 눈물인가
경춘공원묘원로 가는
영구차 차창에 비가 내린다

어느 누가 유감없이
살다 갈 수 있으랴
아무리 열심히 살아 왔더라도
남는 여한
사랑하는 사람을
먼저 보내는 아쉬움
고인도 울고
미망인도 울고
하늘도 울고 있다

사랑한다는 것은

사랑한다는 것은
당신을 이해하는 것

사랑한다는 것은
당신의 단점보다 장점을 더 높이 사는 것

사랑한다는 것은
당신에게 자유를 주는 것

사랑한다는 것은
곁에 있어 주는 것
같이 한 방향을 보는 것
함께 인생이란 나그네 길을 걸어가는 것
그래도 지치지 않는 것

여백의 미학

동양화에는 여백이 있다.
동양적인 삶에도 여백이 있었다.
산수화를 그리다 붓을 멈추듯
멈추면 비로소 보이는 것 들이 있었다

그런데 요즈음의 한국 사람들은
일 할 줄만 알았지 쉴 줄을 모른다고 한다
생활의 여백이 없고
그 여백을 감상할 줄을 잃어버린 것
동양화적이 아닌 서양화처럼 빽빽한 삶을 살고 있는 것

가끔은 삶에 콤마(,)를 찍어야 한다
영원한 피어리드(.)를 찍기 전에
콤마를 찍고 쉴 줄도 알아야 한다
물음표(?)나 느낌표(!)도 때로는 말없음표(....)도 필요하고

외벌이 아내

아침마다
동그란 캔버스에 그림을 그린다.
댓상을 하고 붓질을 하고
검은색 핑크색 물감을 바른다

아내는 화가이다
아침마다 그림을 그리는
어떤 화가들은 전철 안에서도
그림을 그리지만
조금은 점잖은 나의 아내는
절대로 남이 보는 눈 앞에선
그림을 그리지 않는다

그림을 다 그린 아내는
아침마다
시간에 쫓기며
잽싸게 젖가리개를 하고
팬티를 갈아입고
종종 걸음으로 집을 나선다.

삼거리 담배집

삼거리 담배집
방학 때면 그녀가 있던 집
담배도 사고 그녀도 보는 집

삼거리 담배집
방학 때면 내가 즐겨 찾던 집
막걸리도 마시고 삼봉도 치던 집

삼거리 담배집
지금도 있지만 그녀는 없는 집
주인도 바뀌고 낭만도 사라진 집
아 아 추억의 삼거리 담배집

방황

바람이 분다.
바람이 불 적 마다 그는 흔들리고
어느 항구에도 닻을 내리지 못했다

이 바다에서 저 바다로
뜬구름을 잡으려고
발버둥 쳤지만
눈먼 구름 하나 잡지 못 했다

한 소녀가 말했다.
당신은 끝없이 방황하니까 싫어요.
그 때가 20대였다.
이제 60대, 아직도 그는 흔들리고 있다.
젊어서야 방황하는 것은 용납이 되겠지만
60대에야 쯧쯧쯧
어디 그를 묶어둘 조각구름 하나 없나?

뽕잎

누에 뽕잎 먹고
고추 되듯이
고추에서 실크 나오듯이

나
고통을 달게 먹고
비단 같은 자유 얻으리

고통을 통해 환희로 간
베토벤처럼
고통의 바다를 건너
참 환희를 찾으리

스몰 이즈 뷰티풀

5, 60평 아파트가 아니어도 난 좋아.
비둘기 두 마리가 깃을 털 수 있는
내 조그만 둥지가 나는 좋아.

조그만 오디오를 갖고 싶어
공간을 많이 차지하지 않고
음질은 좋은
세상사람 모두 큰 것을 원하지만
난 安分知足 할 줄 알아
Small is beautiful 인 걸

너무 크지 않는 가슴이라도 좋아
동그랗고 예쁜 가슴이면
영어에도 「More than handful is waste-
손으로 쥐어서 남는 가슴은 낭비」이라
했는 걸

금요일 새벽 2시 남광주시장 골목길

금요일 밤 새벽 2시
남광주 시장 골목길을 걸어내려 가노라면
별천지가 펼쳐진다

취직을 하려해도 받아주는 직장이 없고
결혼을 하려해도 돈이 없는
청춘 남녀들이
한 잔 술에 취해
서로 부둥켜안고 키스하고
토하는 젊은이들
광분하는 밤
밤이 깊어도 돌아갈 줄 모른다
오늘의 한국 젊은이 세계를
대변하고 있다

그들의 울분을 무엇으로 채워주나
세상은 그들에게 술 한 잔도 사주지 않았다※
다만 빈 주머니를 털어
소주 한 병, 생맥주 한 잔으로
시름을 털어내고 있다
그 밤이 지나면
그들은 다시 취준생으로, 공시생으로 돌아가
바늘구멍만한 취직자리를
기웃거릴 것이다
이 땅의 장래 주인공이 될 그들의 앞길에 신의 가호가 있기를!!

※정호승시의 인생은 나에게 술 한 잔 사주지 않았다 에서 패러디

복사꽃 나무는 일곱 번 핀다

복사꽃으로

낙화로

신록으로

복숭아로

단풍으로

낙엽으로

설화로

운구 運柩

어머니의 시신을 매장하기 위해 운구 한다
여덟 명이 들어도 무거운 관
얼마나 무거운 삶을 살다 가는 것일까
그가 살아 온 인생의 무게
내려놓지 못하고 무덤까지 가지고 가고자 하는 욕심
공수래공수거라 했는데 이처럼 많은 것을 남기고 갔는가
죽은 후에 운구하는 자손들을 위해서도
살아있을 때 허접데기 다 털어내야 한다
버릴 것이 더 이상 없을 때까지 버려야 한다
그리고 깃털처럼 가볍게 가야한다
염 할 때 자식들이 주는 노잣돈마저 사양해야 한다

돈

세상 사람들
돈 돈 돈 하더니
돈(豚) 사육장으로 가고

세상 사람들
돈 돈 돈 돈 하더니
돌아버렸어

돈 그것 필요하지
돈 없으면 서럽지
그러나 너무 밝히지도
초연한 척도 하지 말자
너무 밝히면 추해지고
너무 없으면 서러운 게 돈이야
천국 가는 데도
극락 가는 데도
돈은 필요하고
염 할 때도 노잣돈 꽂으라 하잖아

설사

심한 변비 끝에 쏴한 설사는
상쾌

상대방이 설사한 패의 한 장을 들고 있으면
통쾌

자기가 설사한 패를 자기가 까면
롯도

짝사랑

그대는 섬
나는 파도

나는 그대 해안에서
쉼 없이 철썩거리지만
그대는 끄떡도 않는
무정한 님

내 동생은 토끼

【동시】

내 동생 귀는 토끼 귀
가만히 있다가도 제 얘기만 하면
두 귀를 쫑긋 쫑긋

내 동생 발은 토끼 발
내려갈 때는 엉금엉금
올라갈 때는 깡충깡충

내 동생 입은 토끼 입
고기는 줘도 안 먹고
채소만 야금야금

회상

내 인생의 절반은
취해 살았다.
한 잔 술에 취해
사랑에 취해

네가 그리울 땐
흐린 주점에 홀로 앉아
팝콘에 맥주를 마셨다.

늦은 밤 잠 못 이루고
술잔 위로 떨어지는
너를 마셨다.

새벽 미명
술이 덜 깬 눈으로 일어나
너에 대한 나의 사랑을
서툰 시어로 노래하였다

영혼이 맑은 여자가 그립다

교육이 죽었다고
정년이 되기 전에
교단을 떠난 숙이
돈 보다는 삶을 택했다.
돈을 밝히지 않는 여자
그녀가 그립다

익숙한 도회지를 벗어나
전원생활을 시작한 옥이
오이 익듯 호박 굵어지듯
안으로 안으로만 맑아지고 있다

나이 오십에
인라인 스케이팅을 배우고자 한 서
어린애 같은 그녀의
용기가 부럽다

인기에 연연하지 않고
순수문학을 지향하는
내 블로그 속의 이름 모르는 그녀

나는 이런 풀잎 속의 이슬 같은
영혼이 맑은 여자가 몹시 그립다

당신은 누구시길래

지하철역 계단 오르내릴 때
손을 잡아주고
병중에 있을 때 눈물로 기도한 사람
흔들릴 때마다 곁에 있어 준 사람
배신자 베드로도
의심 많은 도마도
안아준 당신
당신은 누구입니까?

그 긴 세월 무소불위로 살아온 나를
용케도 참아내며 같이 해준 사람
내가 퇴행을 했을 때도
눈감아준 사람
두 차례나 아무 흔적도 없이 사라졌을 때도
자유를 얻겠다고 강진 원룸에서 2개월간 홀로 보냈을 때도
어디에 있건 살아만 있으면 된다고
불평하지 않고 기다려준 사람
당신은 도대체 누구입니까?

사랑하면 외로운 거야

시시한 사랑 말고
운명을 거는 사랑은
외로워서 사랑하는 것이 아니라
사랑하면 사랑할수록 외로워지는 거야

곁에 있어도 외롭고
멀리 있어도 외로운 거야
채워도 채워도 채울 수 없는
원혼의 공허

장미를 사랑한다면
가시에 찔리는 것을 감수해야 하듯
사랑하다 죽을 각오로 사랑해야 하는 거야

대형 생활 폐기물

이사를 앞두고 조금은 일찍 낡은 침대를 처분하기 위하여
〈대형생활폐기물 신고필증〉을 교부받았다.
그 신고 필증을 침대 상단에 붙여놓고 잠을 잔다
자면서 떠오르는 생각은
이 육신도 침대와 함께 〈대형생활폐기물〉로
이삿날 버려야하지 않을까.
그렇지 않는가 가장 버려야 할 대형생활폐기물은
온갖 죄악과 술, 담배에 찌든 고암이 아닐런지…

한적함 게으름의 미학

많은 사람들이 돈과 권력, 명예를 위해 분주히 뛰어다닌다.
나도 재취업을 하면 얼마간 생활에 보탬이 될 줄 알지만
돈 대신 나는 이 한가함, 시간의 여유를 택했다.
배부른 소리라고 해도 좋다.
어떤 때는 하루 중 아무 것도 하지 않고 게으름을 피운다.
빈둥빈둥.
나는 이 게으름을 세상 사람들이 추구하는 가치와 기꺼이 바꾼다.
음악을 듣고 싶으면 컴을 켜고
책을 읽고 싶은 마음이 들면 책을 펼쳐들고
그저 욕심내지 않고 읽고 싶은 만큼만 읽고
졸리면 잘 수 있는 여유
나는 이 한적함과 여유가 좋다.

내 개인적인 생각으로는 성직자나 글 쓰는 사람들은
시간이 남아돌아 이 한적함, 게으름을 즐겨야 한다고 본다
그래야 생각할 여유가 생길 것 아닌가
우리나라 성직자들은-스님들은 예외일지 모르지만-너무 바쁘다
또한 글 쓰는 사람들은 다독 다작도 좋지만 다상량 할 한가함도
필요하지 않을까?.

욕심도 내려놓고
탐욕도 벗어놓고
한적하게, 하고 싶지 않을 땐 아무 것도 하지 않고 게으름을 피우며
그렇게 유유자적하게 나는 살고 싶다.
그런 발상이 잘못인가?

소음 주의보

통화 버튼 자주 누르지 말아요
잦은 전화는 소음이에요

문자도 소리 없는 언어이에요.
시도 때도 없이 보내는 문자는 폭력이에요

한 소리 또 하지 말아요.
술주정이 아니라면

시 너무 길게 쓰지 말아요.
그 또한 소음이에요
떨어져 쌓이는 단어들의 편린
그걸 다 누가 치우나요

글 아무렇게나 올리지 말아요
자신의 내면에서 걸러내지 않는 글은
큰 소음이에요

엄마 젖가슴은 호빵

【동시】

나는 할머니가 쪄 준 반달 같은 호빵을 먹는다

갓난아이 내 동생은 엄마 젖가슴 호빵을 먹는다

동생이 엄마 젖가슴 호빵을 먹다가 방긋 웃는다

나 할머니가 쪄준 반달 호빵을 먹다가 호호 웃는다

Women in the world

The women were and are the best friends and the worst enemies in my life.
There is a woman devoting her whole life to you, you know?
But other women play with you with their tricks.
How much money you spent on women?
You drank too much because of women.
Women are women. All same.
They want money rather than your love.
Don't expect free attachments from them.
Most women surely demand their rewards.
So if you can regard other women as stones.
Especially don't touch another men's wives.

Be faithful to your own wife and give your love to her alone(prov 5:15)
Don't spend all your energy on sex
and all your money on women(prov 31:3)

【시집 평】

고독에 위리안치 된 시인

기노현(문인)

박 종복 시인의 시집 〈사랑한다면 지금 그대로〉에 〈고독은 나의 운명〉이 있다.

- 나는 아무도 찾지 않는 심산의 바위처럼 고독하다
스스로 지은 외로울 고 바위 암, 고암이라는 호처럼 고독
하게 살고 있다

- 중략 -

외로우면 홀로 술을 마시고 담배 피운다
큰 소리로 노래 부르고
맘에 내키면 책 보고 글 쓴다

- 중략 -

하여튼 고독은 나의 절친한 친구가 되었다 아니 차라리
나의 운명이다.
누군가는 나이를 한 살 씩 먹어갈수록 고독에 익숙해져야
한다고 했다
맞는 말이다 고독은 결코 욕되지 않을 터이니까
우리가 죽을 때도 결국 혼자 가는 것이 아닌가
그러므로 고독을 즐길 줄 알아야 한다
고독을 즐길 수만 있다면 고독만큼 좋은 친구도 없다
고독을 즐긴다는 것, 그것은 생활습관이라기 보다는 기술이다.

-〈고독은 나의 운명〉 부분-

거기에 심산의 바위처럼 고독하여 자신의 호를 '고암'이라 했다 하고 고독을 자신의 운명으로 받아들이고 있다. 그리고 고독을 즐길 수만 있다면 그만한 친구도 없고, 고독을 즐기는 것은 생활습관이라기 보다 기술이다고 결론 내렸다.

불경에 '천지간아독존'이라고 했으니 인간은 본시 고독한 존재로 태어나 그렇게 살아가는 것이 일반화된 인식일지 모르겠으나 나는 그렇게 생각하지 않는다. 고독은 사람이 느끼는 여러 감정 중 하나 일 뿐이다. 의지로 관리와 조절이 가능하다고 생각한다. 시인 자신의 고독에 대한 강변은, 스스로 자신을 가혹한 고독살이에 위리안치 하기까지는 가족사든 성장환경이든 시대적, 사회적 좌절이든 과정은 분명 있었으리라 생각된다. 고독을 내뱉듯이 거칠게 쓰여져 모인 이 시집은 마치 시인의 자서전을 보는 듯하다.

〈나는 복제된 인간이다〉에는 자신이 혈통의 열성인자로 복제되었다고 쓰고 있다. 심한 열등의식이다. 이것이 난치병 같은 고독의 씨가 되지 않았나 싶다. 시 〈추억 속으로〉에서 보듯이 바다 가까운 작은 마을에서 유년시절을 보냈다. 시인이 언젠가의 술자리에서 내게 했던 유년의 회고는, 아버지의 첩살림으로 생활은 궁핍했고 형님의 뒷바라지로 학교를 다녔다고 했다. 외로웠으리라 고독이 성장했으리라. 철저히 혼자라는 고립은 늘 위기감을 느끼게 했고 고독이 팽배해지면 방황했으리라.

바람이 분다
바람이 불 적마다 그는 흔들리고
어느 항구에도 닻을 내리지 못했다

- 중략 -

어디 그를 묶어 둘 조각구름 하나 없나
-〈방황〉의 부분-

 절망하는 고독이다. 그 외도 시인은 〈받아쓰기〉, 〈밤 까기〉, 〈양파 까기〉, 〈기드론 시내를 건너지 마라〉, 〈다리 밑에서 주어온 나〉, 〈고암에게 있어 산다는 것이란〉 등에서 주체하지 못하는 고독을 노래하다가 〈그 남자의 2017년 봄〉과 〈종복아, 이제〉에서 절규하고 있다. 가슴이 먹먹하다. 외로움과 즐거움은 감정의 양면(두 얼굴)인데 시인은 철저히 고독의 페르소나다.

 그러나 시인은 〈헛것〉을 끝으로 고독을 벗어나려 노력한다. 아니 고독을 즐기는 기술을 터득해 간다고 해야 할 것 같다. 〈편〉, 〈너도 너의 것이 아니다〉, 〈나는 빚진자〉, 〈정박〉, 〈괜찮다 이만하면 괜찮다〉, 〈넉넉하다〉, 〈스몰 이즈 뷰티풀〉, 〈사랑한다는 것은〉 등에서 그런 시인의 심정이 드러나 보인다.

 일반적으로 사람들은 고독해야 자신의 내면을 깊이 들여다본다. 그러면서 자기성찰도 한다. 고독은 때로 고요하고 평온하기도 한다. 우리는 그런 고독을 소중해 할 줄도 알아야 겠지만 생활 속 거리 두기를 유지해야 할 필요가 있다. 고독의 생성인자가 워낙 다양하여 난치병 같은 중증이 되면 감당하기 어려워 자학하기 때문이다. 고독을 된장만큼만 숙성시키자. 가끔씩 찍어 맛보면 그 구수함에 침이 감기도록.

나는 시인의 연작시 〈봉숭아1~4〉 4편에서 고독의 숙성 과정을 보았고, 〈한적한 게으름의 미학〉과 〈나는 이제 무위도식하리라〉에서 시인이 고독을 관리하는 것을 느꼈다.

사실 고독에서 향기가 나기 시작하고 멀찍이 거리 두고 삶을 관조 할 때 고독은 완숙의 절정에 이른다. 〈여백의 미학〉에 그런 향기가 있다.

    동양화에는 여백이 있다
    동양적인 삶에도 여백이 있었다
    산수화를 그리다 붓을 멈추듯
    멈추면 비로소 보아는 것 들이 있었다

        - 중략-

    가끔은 삶에 콤마(,)를 찍어야 한다
    영원한 피어리드(.)를 찍기 전에
    콤마를 찍고 쉴 줄도 알아야 한다
    물음표나 느낌표도 때로는 말없음표도 필요하고

참 고독은 혼자서도 외롭지 않아야하고, 상처를 치유해야하고, 새로운 삶을 개척해 나가야하고, 생활 속에서 즐거움, 만족, 행복도 찾을 수 있어야 한다.

여기 내뱉듯이 거칠게 직설적으로 쓰여진 자서전 같은 시들을 쭈욱 읽어보면, 시인은 자신에게 내재된 고독의 뿌리와, 그것을 벗어던져야 하는 것과, 남은여생을 어떻게 보내야 할지 알고 있는 듯하다. 어쩌면 시와 시 쓰는 과정에서 더러 체득했으리라 짐작해 본다. 시인의 시에 대한 사랑과 시 쓰는 열정이 대단했음을 지켜봐왔기 때문이다.

시는 놀이하는 동물의 문화로써 언어예술이다. 시인의 다음 시집에서는 재치와 해학, 삶에 대한 고찰, 사물과 자연에 대한 관조, 언어의 기교 등에서 느끼는 재미를 기대 한다.

사랑한다면 지금 그대로

초 판	2020.7.7 1쇄 / 2024.5.22 5쇄
지은이	박종복
인 쇄	한빛인쇄
펴낸곳	도서출판 春火
등록번호	제2020-000093호
주 소	07221 서울 영등포구 국회대로 37길 22 103동 1002호
전 화	010-3106-0632
전자우편	koarmpark@gmail.com
블로그	다음 블로그: 박종복시인
	ⓒ박종복, 2022 printed in Seoul, Korea
	ISBN 979-11-970978-1-2 (03810)

* 저작권법에 의해 한국 내에서 보호를 받는 저작물이므로 무단 복제와 전재를 금합니다.

이 도서의 국립중앙도서관 출판시도서목록(CIP)은 서지정보유통지원시스템 홈페이지(http://seoji.nl.go.kr)와 국가자료공동목록시스템(http://www.nl.go.kr/kolisnet)에서 이용하실 수 있습니다. (CIP제어번호 : CIP2020027005)